Prix: Fr. 1, 50

LA FRANCE

ET

LA CONFÉDÉRATION LATINE

PAR

J. F. *de Savoie.*

Se vend au profit de la souscription pour la libération du territoire français.

GENÈVE

BRAUN ET Cie, IMPRIMEURS-LITHOGRAPHES

—

1872

LA FRANCE

ET

LA CONFÉDÉRATION LATINE

PAR

J. F. *de Savoie.*

Prix: Fr. 1, 50

Se vend au profit de la souscription pour la libération du territoire français.

GENÈVE
BRAUN ET Cie, IMPRIMEURS-LITHOGRAPHES

1872

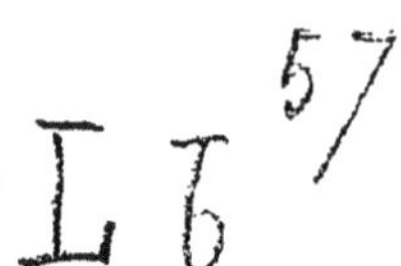

LA FRANCE

ET

La Confédération Latine.

J'ai établi, dans un écrit précédent[1], que c'est la France qui a fait l'unité italienne. L'homme éminent, qui présidait alors aux destinées de l'Empire, peut hardiment en revendiquer toute la gloire. L'occupation de Rome ne saurait l'amoindrir ; elle est le couronnement d'un édifice, dont les premières assises ont été jetées sous le canon de Solferino [2]. Si nous n'en avons pas retiré tout l'avantage que s'en était promis son instigateur, et que nous avions lieu d'en attendre, c'est surtout à nous mêmes que nous devons nous en prendre. Comme si la fatalité nous eût tenus sous le poids de sa plus funeste étreinte, nous n'avons, ici comme en beaucoup d'autres circonstances, rien sû faire de logique, de défini, prenant en tout des demi-mesures,

---

[1] La France et l'Allemagne en Italie.

[2] La détermination de l'Italie lui était du reste imposée par les circonstances. La Révolution, déchaînée par le 4 septembre, menaçait également Rome et la Péninsule, où des émissaires, envoyés de France et surtout de Paris, devaient faire proclamer la République. J'ai lu alors une lettre de l'un des fougueux de l'idée contre le roi Victor Emmanuel, dont il fallait *empêcher, à tout prix, l'entrée* dans la Ville Eternelle. Cette occupation, qui était dans les décrets de la Providence aussi bien que dans les destinées d'un peuple, n'a donc eu lieu ni contre la France ni contre la Papauté, mais bien contre la Révolution. Il est certain en effet que, si l'armée révolutionnaire avait pu devancer à Rome l'armée de l'ordre, S. S. Pie IX ne serait pas aujourd'hui *le prisonnier que l'on sait* au Vatican.

et voulant concilier deux principes inconciliables, l'ultramontanisme et la liberté. Aussi avons-nous facilement perdu le bénéfice du bien que nous avions fait, par celui qu'à notre insu, peut-être contre notre volonté, nous avons empêché de se faire. Et nous avons justement abouti à mécontenter tout le monde. Tous tant donc que nous sommes, en France, nous avons notre bonne part de responsabilité, dans cette position équivoque, sorte de politique de bascule, à laquelle on est forcé de reconnaître que nous avons dû en partie notre isolement et par suite nos désastres.

Lorsqu'en 1859, l'armée française, puissamment aidée de l'armée sarde, battait les Autrichiens en Italie, elle jetait, dans un terrain bien préparé, le germe de la résurrection d'un peuple qui cherchait son existence dans le rapprochement de ses membres, et sa force dans son unité politique. Le Congrès de Vienne avait morcelé la Péninsule pour la rendre impuissante, et en avait confié les tronçons à des argousins, dont toute la science consistait à maintenir la division entr'eux. Mais ce système d'ilotisme ne pouvait durer toujours ; et il était donné à la France impériale d'y mettre fin.

Une nation latine sortit, nation sœur, qui ne demandait qu'à resserrer les liens de toute nature qui nous unissent. Il nous était facile alors de jeter les bases de cette alliance latine, dont la campagne de 1859 semblait être les préliminaires, et dont les ennemis de la France surtout redoutent la conclusion. Il y a beaucoup à présumer en effet que, si la Prusse nous eût soupçonnés tant soit peu épaulés du côté des Alpes, elle serait peut-être encore aujourd'hui à chercher le moyen de se faire attaquer par l'Empire.

Mais puisque le destin devait nous frapper de cet aveuglement qui précède la ruine, sachons au moins profiter de la leçon, elle a été assez dure, et ouvrir enfin les yeux à la lumière qui éclaire nos véritables intérêts. Reconnaître ses torts, c'est quelquefois se mettre à même de les réparer, c'est toujours se prémunir contre leur retour.

C'est triste à dire, mais c'est la vérité. On a généralement en France une fausse idée des autres nations. Et cette erreur, dans laquelle on a presque l'air de se complaire, et qui pourtant a déjà donné lieu à tant de mécomptes, a sa source dans notre ignorance des hommes et des choses qui ne sont pas de notre pays. Sans vouloir rien enlever à notre mérite, (Dieu merci ! nous en avons notre bon contingent) ne doit on pas reconnaître que les autres peuples en ont aussi, et même, dans certains cas, comme l'on dit vulgairement, à nous en revendre ? Je reste dans les généralités, et laisse à chacun le soin de voir si j'ai raison.

Or, parmi les peuples, dont nous connaissons moins et n'apprécions pas mieux le caractère, malgré toutes les relations tirées de notre voisinage, malgré notre communauté de race et de religion, je trouve les Italiens et les Espagnols, auxquels je suis heureux, moi, enfant de la Savoie, d'avoir à rendre en passant l'hommage qui leur est dû.

L'héritage historique de l'Italie est sans contredit le plus riche de l'univers ; l'héritage de la Péninsule Ibérique peut se mesurer avec celui de presque tous les autres pays. Et sans remonter le cours des siècles, dont le temps, dans sa marche, respecte à peine la mémoire ; sans même feuilleter des pages moins antiques, on a vu ces deux peuples, fréquemment engagés dans des luttes, où ils ont pû être trahis par la fortune, personne n'est à l'abri de ses coups, mais où jamais l'honneur national n'a reçu la moindre atteinte.

D'un autre côté, l'influence climatérique, qui a tant d'action sur les organes, ne peut, dans ces pays de dattes, d'oranges, de myrtes et d'olives, que porter l'homme à l'amour des beaux-arts et de la civilisation. Aussi sont-ils, sous ce rapport, nos maîtres à tous, comme leurs ancêtres ont été, dans un autre ordre de choses, les maîtres du monde. L'Italien surtout a passé, ces dernières années, par de telles épreuves ; il les a surmontées si victorieusement, que l'on en est à se demander si le Français ne ferait pas bien aujourd'hui d'aller prendre chez lui des leçons de civisme ? Ayons la franchise de l'avouer : nous donnons au monde, en ce moment, un bien triste spectacle par nos divisions, nos discordes, notre esprit de parti, qui ne sont malheureusement que l'absence complète de patriotisme. Et pourtant il n'y a de salut pour la France que dans l'union de ses enfants. Hélas ! que nous sommes loin encore de cet heureux port ! Le toucherons-nous jamais ? Il est presque permis d'en douter.

Deux grands partis politiques se partagent la France en fractions inégales : le parti de la République et celui de la Monarchie. Chacun de ces partis a ses adhérents sincères et convaincus, (je ne parle ici que des honnêtes gens): chacun par conséquent a le droit d'être examiné, discuté avec la modération, le calme, la sagesse que comporte l'importance du sujet. Je vais essayer de le faire, dans ces conditions, en priant le lecteur de ne pas oublier à quel point de vue je me suis placé.

Savoyard et partant Français, rien de ce qui touche à mon pays ne m'est indifférent. C'est dire que les défaites de la France, ses désastres, sa mutilation territoriale m'ont frappé au cœur ; c'est dire qu'en toutes circonstances je m'unirai d'intention et de fait à quiconque fera un effort pour que ma patrie ait la satisfaction à laquelle elle a droit. Et comme la grandeur et la prospérité de la France sont ici mon unique préoccupation, je déclare de suite que j'accepte *à priori* toute combinaison, quelle qu'elle puisse être, ayant pour effet de lui rendre la place qui lui revient dans le concert européen. Me voilà donc en bonne position pour dire ce que je pense de ces deux partis politiques (la Monarchie et la République) considérés au point de vue français.

La République est le régime de la souveraineté populaire par excellence ; c'est celui qui est le plus difficile à pratiquer, parce qu'il exige une connaissance des droits et des devoirs, que chacun est loin d'avoir. Il ne suffit pas de se proclamer républicain pour l'être. C'est souvent le contraire qui est la vérité. Et quel que soit le sort que l'avenir européen puisse réserver à cette forme de gouvernement, on est forcément amené à reconnaître que son heure n'a pas encore sonné pour la France. Nous en faisons aujourd'hui la troisième épreuve, l'*essai loyal*, comme dit M. Thiers, et pour la 3e fois cet essai lui est contraire [1].

Les hommes du 4 septembre n'ont révélé qu'une ambi-

---

[1] La France en a horreur : quand on lui parle *République*, elle recule épouvantée. Elle sait que ce gouvernement tourne au sang ou à l'imbécilité. (Discours de M. Thiers à la Chambre des Députés du 17 Mars 1834.)

Un républicain de vieille roche, M. C. Orsini, a dit : « Il n'y a pas « d'illusions à se faire : dans *nos trois pays latins*, *rien* ne nous *pré-* « *dispose* à être *républicains* ; ni l'instruction, ni les mœurs, ni la « conscience à accomplir scrupuleusement nos devoirs. C'est une édu- « cation à commencer, tout un tempérament à acquérir, grâce au- « quel, sans doute, la république pourra se soutenir et se poser en

tion égale à leur incapacité, quand ils n'ont pas fait pire. Pour l'honneur et pour la tranquillité de mon pays, glissons là-dessus: plaie d'argent n'est pas mortelle. Ceux qui ont suivi, ont montré plus de respect pour la volonté nationale. Ils ont bien donné par ci par là quelque entorse à la loi; mais on n'a pas toujours le choix des moyens. Souvent les positions commandent, et je reconnais que le gouvernement de Versailles a bien à peu près fait ce qu'il était possible de faire. On n'a pas le droit d'être trop exigeant. Mais le provisoire nous ruine; il faut qu'on le comprenne en haut lieu, et que, détenteur temporaire d'un pouvoir qui n'a rien de stable, parce qu'il n'a rien de définitif, l'on sache rendre à temps au véritable souverain, le peuple, la liberté de faire connaître sa volonté. Cette épreuve aurait déjà dû avoir lieu ; et la résistance, qu'opposent à cette manifestation certains dépositaires de l'autorité, témoigne de leur désir de la séquestrer à leur profit, sans se soucier autrement de la nation.

L'argument, tiré de la Suisse et des Etats-Unis en faveur de la forme républicaine, ne prouve rien, ou plutôt prouve contre

---

« Europe. Mais c'est là une *probabilité lointaine,* à laquelle il serait « *coupable de sacrifier la France*, dont la forme actuelle de gouverne- « ment est suspecte aux monarchies. » (L'Alliance latine, page 49).

« Ceux qui ont vraiment des sentiments républicains, devraient « comprendre que dans l'humiliation et l'affaiblissement où se trouve « la France, la république a perdu énormément de son influence, et « qu'*aujourd'hui* c'est faire acte de *vrai républicain* que de songer « avant tout au *rétablissement* de *la grandeur* de *son pays, fût-ce* « par *la monarchie.* »

« D'ailleurs, une France forte et puissante, même *monarchique,* « est une garantie pour les progrès de la *démocratie*, tandis qu'une « France humiliée, battue, menacée, annulée, même de forme républi- « caine, est le tombeau de la république (ibid..., : page 50).

elle. On oublie trop, d'un côté, qu'il n'y a aucune similitude entre la vieille Europe et la jeune Amérique, où les institutions politiques ont pour ainsi dire procédé par voie d'immigration. Les différentes peuplades, qui ont émigré dans les Etats de l'Union, y ont apporté, avec leur fretin, leurs idées, leurs goûts, leurs habitudes, leurs mœurs, leurs préjugés, leurs passions et leurs préférences. Le défaut d'organisation sociale d'abord, le frottement des intérêts ensuite, ont fait naître le désir d'essayer d'un régime en opposition avec ceux des pays d'origine. L'essai ayant réussi, on en a fait une plus large application; et la forme républicaine, se développant avec la population, a pû s'y acclimater tout naturellement. Aujourd'hui la Monarchie y rencontrerait les mêmes obstacles que la République sur notre continent, où chaque peuple a ses traditions. Ne pas le reconnaître, ou n'en pas tenir compte, c'est faire preuve d'une ignorance complète du cœur humain; c'est se tromper et tromper sur l'origine et la valeur des différents régimes politiques, sous lesquels chaque nation se plaît à vivre. Or, si la tradition fait que la Suisse préfère des institutions républicaines, la tradition également porte la France, qui, elle aussi, a son culte historique, vers la Monarchie. Et s'il est un temps, où, en dehors de sa tradition et de ses préférences, elle ait besoin de la Monarchie, c'est assurément aujourd'hui, dans l'état de désorganisation générale qu'un provisoire, issu de nos désastres, est impuissant à faire cesser. Ce penchant monarchique est absolu, et se tient en dehors de toute question de personnes. Cela est si vrai, qu'au point de vue social plutôt qu'au point de vue politique, le parti opposé à la République s'étaye des mêmes principes, sans s'étayer des mêmes hommes. Voilà pour l'intérieur.

La nécessité de la Monarchie s'impose plus impérieusement encore à la France, si on la considère dans ses rapports avec les autres nations de l'Europe, et spécialement avec celles que je vise dans cette étude. On comprend de suite qu'il s'agit des deux péninsules, dont les peuples comme les gouvernements ne sont pas moins avancés que ceux de la Suisse ou des Etats Unis, et où pourtant on ne veut pas entendre parler de République. Ce qui prouve que la liberté ne s'attache pas aux formes gouvernementales.

La République, n'étant donc pas possible en France, doit loyalement faire place à la Monarchie. Mais la Monarchie se subdivise elle-même en trois partis, également honorables et conservateurs, trois partis ayant leurs adhérents, bien près de s'entendre sur le fond, et ne différant que sur la forme.

Examinons, avec impartialité, les titres de chaque Prétendant à la couronne de France : pesons-les mûrement, et voyons ce qu'ils sont au triple point de vue Européen, Latin et Français. De cette comparaison toute simple, toute désintéressée, doit sortir l'élu de la nation, celui à qui le pays confiera le soin de cicatriser ses plaies, et de le relever à ses propres yeux et aux yeux de l'univers.

Mgr le Comte de Chambord représente la royauté de droit divin, la *légitimité*, comme l'on dit vulgairement. Dans le droit public moderne, issu des conquêtes de 1789, et consacré par elles, on ne comprend guères la légitimité en dehors de la volonté nationale clairement, librement exprimée. Un peuple n'est ni une chose, ni un troupeau, que quelques privilégiés exploitent à leur profit. C'est la réunion d'individus, plus ou moins nombreux, qui s'associent en vue d'un d'intérêt commun et se donnent un chef de leur choix. De là, le nom d'Elu pris au commencement des créations sociales par ceux qu'elles mettaient à leur tête. Ces choix se renouvelaient souvent, par voie d'élection ou autrement. Mais l'ignorance des temps et des hommes, la paresse de ceux-ci, le peu de souci de leurs droits et de leurs intérêts, les abus, les travers inhérents à l'humanité, tout contribua à faire perpétuer, dans certaines familles, des attributions qui, dans l'origine, ne devaient être que temporaires. De là, l'hérédité : de là, la légitimité : de là, le droit divin. Que peuvent donc avoir de commun avec le ciel des institutions, dont toutes les vues sont tournées vers la terre? Sans contester les rapports du Créateur avec la créature, dont celle-ci subit la bienfaisante influence, nous croyons peu à cette intervention de l'élément céleste dans la délégation et la transmission de droits terrestres. Un tel préjugé a pû naître dans des temps moins éclairés et s'accréditer par le fait des intéressés. Mais aujourd'hui, on en est revenu, et je doute que ceux-mêmes, à qui le moyen profite, aient en lui une foi bien robuste. Faisons-nous donc de la Divinité une idée plus auguste ; et pénétrés de ce sentiment qu'elle est trop juste, trop grande, pour épouser nos passions, nos querelles, sachons ménager son intervention dans les choses d'ici-bas.

Comme homme privé, comme simple citoyen, Mgr le Comte de Chambord est sans contredit l'un des plus beaux caractères que l'on puisse rencontrer. La droiture, la loyauté sont pour ainsi dire innées chez lui : à quelqu'opinion que l'on appartienne, impossible de le contester. Je suis heureux d'avoir à le proclamer hautement. Mais comme homme politique, comme chef d'Etat, surtout d'un Etat comme la France, Mgr le Comte de Chambord est peut-être le dernier des monarchistes qu'il convienne d'appeler au trône. Les qualités mêmes, qui en font un citoyen excellent, en feraient un mauvais souverain. Il faut prendre les hommes comme ils sont et non comme on les voudrait. Autre chose est d'agir en son propre et privé nom, autre chose est d'agir au nom d'un grand peuple. Dans le premier cas, la responsabilité s'arrête à la personne, elle est forcément bornée ; dans le deuxième cas les conséquences sont souvent incalculables. Je ne crois pas que ce soit manquer de respect au noble Prince de dire qu'en matière politique, il rappelle assez bien *la Belle au bois dormant*, des contes de Perrault, tant ses idées sont surannées, et qu'il serait peut-être moins difficile de renoncer aux chemins de fer, pour revenir aux anciens coches, que de faire accepter ses vues politiques par la France.

Mise en regard des intérêts français, la restauration de la branche aînée n'est donc pas possible.

Mais elle l'est moins encore, si on la considère par rapport à l'alliance latine, dont la formation est surtout à désirer par les amis de la France. Les préférences ultramontaines du Prince, sa haine contre la constitution italienne sont trop connues, pour que jamais, sous lui, les deux membres les plus importants du groupe latin puissent seulement se rapprocher. L'éloignement de l'Italie provoquerait nécessairement celui de la Péninsule Ibérique, dont les peuples ont tant d'intérêt à marcher d'accord avec leurs frères de l'autre péninsule. Dans cette situation, l'isolement de la France serait le moindre des maux qui pourraient lui arriver. Mais les partisans de ce Prince, qui sont comme lui un anachronisme, témoignent par leur attitude que, sous prétexte de relever un trône qui n'a plus de raison d'être, ils ne craindraient pas de jeter leur pays dans les hasards d'une lutte insensée, d'une lutte criminelle, dont le résultat serait *finis Galliæ*. Le vœu suprême de M. de Bismarck serait ainsi exaucé. Mais espérons que Celui qui protège la France, ne le permettra pas.

L'Europe elle-même a le plus grand intérêt à ce que le descendant de saint Louis ne ceigne pas sa couronne. Armé comme son ancêtre, contre tous ceux qu'il considère comme les ennemis de Dieu et de son représentant sur terre, il ne tarderait pas à jeter la perturbation chez les peuples de confessions ou d'opinions différentes, ainsi que sa présence a suffi récemment, dans des conditions bien moins favorables, pour bouleverser un petit pays.

Pour des motifs différents, mais non moins absolus, un Prince de la famille d'Orléans ne serait ni plus désirable, ni plus admissible que le Duc de Bordeaux. Sans doute les Princes d'Orléans sont d'honnêtes gens, de bons bourgeois, quoique doués d'une intelligence bornée et de peu de caractère. Leur premier soin, en rentrant en France, a été de songer à eux, à leur famille, à leur bourse. Ils ont fatigué le pays, qui certes a bien d'autres soucis, de réclamations pécuniaires, pour le moins contestables ; ils ne savent pas même comprendre que l'inopportunité d'une démarche en diminue toujours les chances de succès. Aussi perdent-ils en politique presque tout le terrain qu'ils devaient à l'exil. Ils sont du nombre de ceux qui ne gagnent pas à être vus de près ; et si jamais l'un d'eux venait à relever le trône, tombé le 24 février 1848, il est certain qu'il ne l'occuperait pas aussi longtemps que Louis-Philippe.

Ils n'ont de princier que la fortune et la naissance ; ce qui n'est pas un titre suffisant pour arriver à la première place dans un pays démocratique, comme le nôtre, où prime le mérite personnel. Ce n'est pas qu'ils manquent d'ambition. Mais l'ambition, quand elle est aveugle ou mal servie, ne mène pas loin. Dans leur intérêt donc comme dans celui de la France, ils feront sagement de rester au second plan, où il peut leur être donné de servir mieux leur pays.

Mais si, poussant les conséquences de mon travail, auquel je suis ramené par mon titre, je passe à l'Alliance latine, je me trouve, avec un Prince d'Orléans, sur le trône de France, en face de difficultés insurmontables. La famille d'Orléans n'est, au point de vue dynastique, que la branche cadette de la maison de Bourbon, dont des membres occupaient naguères en Italie et en Espagne, des trônes sur lesquels ils nourrissent avec éclat l'espoir de remonter. Et bien que les peuples, qui les ont remerciés, n'aient fait que d'user d'un droit indéniable, et que les souverains, appelés par ceux-ci, n'aient fait qu'occuper une place vide, ils n'en sont pas moins traités d'usurpateurs par les Princes détrônés, par leurs parentés, alliés ou adhérents. Un rapprochement sincère, en vue de l'union que j'appelle de tous mes vœux, entre les Princes de la Maison de Savoie, et ceux de la Maison d'Orléans, n'est donc pas possible.

Or la Grande Famille Latine compte les trois membres principaux que l'on sait ; et deux d'entr'eux, l'Italie et l'Espagne, sont aujourd'hui en possession définitive d'un régime et d'un souverain de leur choix. Ce sont des faits heureusement accomplis, sur lesquels il n'y a pas à revenir. Mais puisque la France est en ce moment en travail d'une élection capitale, pourquoi irait-elle jeter les yeux sur quelqu'un, qui, sans titre à ses préférences intérieures, serait un obstacle invincible à la conclusion d'une alliance indispensable à son avenir ?

Il y a plus : — la rentrée d'un Bourbon aux Tuileries n'aurait pas seulement pour effet de compromettre à jamais cette alliance, mais elle tarirait bien vite la source d'expansion industrielle et commerciale, ouverte par l'Empire à l'activité latine, au profit de la France. Elle jetterait, entre les bras de nos plus cruels ennemis, l'Italie et l'Espagne, forcées de chercher ailleurs un appui contre les menées bourbonniennes naturellement alimentées des bords de la Seine. Une pareille éventualité est tellement dans les vues et les aspirations du chancelier allemand : on en comprend si bien la portée politique à Berlin, qu'à l'heure où je trace ces lignes (mars 1872), des *touristes* prussiens, de tous rangs, sont en train d'*admirer* la *belle nature* en Italie, où ils sèment thalers et promesses[1].

L'Europe d'autre part ne pourrait rester indifférente à un état de choses, qui serait la guerre en perspective, et partant le tonneau des Danaïdes de tous ses budgets.

---

[1] Le Prince Frédéric-Charles visite Rome du matin au soir, son guide Bædeker à la main, en homme qui a *préparé* son *voyage*. Je l'ai rencontré au bord de l'Esplanade de *San Pietro in Montorio*, promenant sa lunette sur les hauteurs qui entourent la ville, et qu'il est question de fortifier. *Touristes taciturnes* et solides, ses officiers *imitaient* son *silence autour de lui rangés*. Un d'eux, un petit maigre, balafré, crayonnait *quelque chose* sur un calepin (Corresp. de Rome du 25 février 1872 au *Journal de Genève*).

Le journal la *Sesia* de Verceil du 27 février 1872 dit : « Les géné-« raux prussiens Werder et Dinken ont passé à Verceil, la semaine « dernière..... Ils sont allés visiter les champs glorieux de Palestro. « Ils ont surpris tous ceux qui les accompagnaient par leur *connais-« sance* non-seulement de la *topographie générale du pays*, mais en-« core du nom des *plus humbles hameaux*, des *plus petits sentiers*, « et des *plus modestes fossés* du terrain, où avaient manœuvré les « armées autrichiennes et piémontaises. Les deux généraux ont pour-« suivi leur voyage pour Magenta, Milan, Melegnano, Solferino et San « Martino. »

Mais, dira-t-on, ce que l'une ou l'autre branche de la maison de Bourbon est impuissante à faire séparément, peut être réalisé par la fusion. Ceci est un rêve, comme la fusion elle-même ; et, en supposant le contraire, les arguments, tirés de leur position individuelle, sont inséparables du Nom, et conservent toute leur force, dans leur application collective.

Reste l'Empire. Ici j'ai besoin de faire un aveu. Lorsque en 1870 nos revers et successivement nos désastres sont venus dévoiler l'insuffisance de nos forces, je m'en suis pris, dans ma douleur et dans mon ignorance des causes de notre infériorité, au gouvernement impérial, à l'Empereur lui-même. Je n'ai fait ni plus ni moins que le public. Mais lorsque l'heure des responsabilités eût sonné, lorsque le pays, rentré en lui-même, en voulût connaître la part afférente à chacun, j'ai fait alors ce que font ceux dont la vérité est toute la règle, et j'ai acquis la certitude que le plus compromis n'était ni l'empire, ni l'Empereur, mais la nation en général, et plus spécialement ce qu'on appelle l'opposition. Comme je n'avance rien sans preuve, et que celles que j'ai à mettre sous les yeux du lecteur, sont de premier ordre, je vais les présenter sans crainte et sans ostentation.

Depuis le rétablissement de l'Empire jusqu'en 1870, toutes les luttes où les armes françaises avaient été engagées, furent aussi heureuses que glorieuses pour elles. Je n'en excepte pas même la guerre du Mexique, dont la conception avait été aussi profonde, que l'issue en devait être tragique.

Un homme, sorti de la Poméranie, avait étudié Machiavel et Cavour, ce dernier surtout, dont les lauriers, comme on dit d'ordinaire, brisaient son sommeil. Il s'était dit que la direction, imprimée au mouvement italien par le grand citoyen turinais, ne devait pas être d'une application plus difficile en Allemagne.

Pénétré de cette idée que l'empire germanique renaîtrait de son unité, que les peuples de race teutonique se rangeraient sous son drapeau, il se mit dès lors en devoir d'assurer la réalisation de son programme, qui devait d'autant mieux réussir, que l'Europe n'en soupçonnait pas même la conception.

On sait les difficultés sans nombre qu'il rencontra à sa naissance, on sait comment il les surmonta. On n'a pas oublié la querelle cherchée au Danemark, que deux grandes nations ont commis la faute irréparable de laisser écraser. On se rappelle cette étonnante campagne de 1866, moins remarquable peut-être par ses résultats que par sa rapidité. L'univers, stupéfait apprit sa fin, en même temps que la marche des premiers bataillons. L'Autriche faillit disparaître de la carte de l'Europe. On se contenta de l'expulser de l'Allemagne au profit de la Prusse, que la victoire de Sadowa porta du coup au rang de puissance militaire de premier ordre. Ce fut un éclair pour l'empereur Napoléon, qui forma de suite une commission spéciale et lui soumit la solution de ce problème : « constituer, avec le « moins de dépenses possible, une force de 1,200,000 « hommes, dont $^2/_3$ d'armée active et $^1/_3$ de réserve. » Dès le 12 décembre 1866, le moniteur annonçait[1] que la commission avait achevé son œuvre et résolu le problème. La note, qui analysait son projet, en caractérise ainsi la portée : « Ce projet donne à la France 1,200,000 soldats « exercés et n'augmente que faiblement les charges du bud-

[1] La vérité sur la campagne de 1870, par Fernand Giraudeau.

« get. Il discipline la nation entière en l'organisant bien « plus dans une pensée de défense, que dans une pensée « d'agression. Il relève l'esprit militaire sans nuire aux « vocations libérales. Il consacre enfin ce grand principe « d'égalité que tous doivent le service au pays en temps « de guerre, et n'abandonne plus à une seule partie du « peuple le devoir sacré de défendre la patrie. » Grâce aux journaux de l'opposition, ce projet fut mal accueilli par le pays. *Discipliner la nation tout entière* parut *une impertinence césarienne.* L'opinion publique fut tellement soulevée, que le gouvernement dût retirer son projet, et se borner à demander *quelques modifications à la loi de 1832.* Ces modifications encore furent combattues par la gauche. Il est juste que ceux qui ont contre-carré en tout les efforts de l'Empire pour améliorer notre organisation militaire, quand il en était temps, et qui plus tard ont cherché à rejeter sur lui une responsabilité qui les écrase, il est juste, dis-je, de les mettre en face d'eux-mêmes, dans les circonstances que je rappelle. C'est par leurs propres discours que je veux les combattre.

Ecoutons-les :

M. J. Simon, (membre du gouvernement du 4 septembre) : — « Le but principal du projet présenté l'année « précédente, était de demander une force armée de « 1,200,000 hommes..... J'insiste sur l'énormité de « ce chiffre de 1,200,000 hommes. Après des transfor- « mations considérables dues à l'opinion publique, au zèle « des membres de la Commission, à des *concessions* faites « par le gouvernement, on en est venu au projet actuel. « Mais vous voulez toujours une armée de 800,000 « hommes, et pour y arriver vous créez la garde mobile. « La loi qui fait cela, *ce n'est pas seulement une loi*

« *dure, c'est une loi impitoyable*, qui ne pèse pas seule-
« ment sur les appelés, mais sur la population tout en-
« tière. Les conséquences politiques du nouveau système
« seront plus désastreuses encore que ses conséquences
« matérielles, et la loi qu'on propose est surtout mau-
« vaise, parce qu'elle constituera *une aggravation de la*
« *toute-puissance de l'Empereur*. Ce qui importe, ce n'est
« pas le nombre de soldats, c'est la cause qu'ils ont à
« défendre. Si les Autrichiens ont été battus à Sadowa,
« c'est qu'ils ne tenaient pas à vaincre pour la maison de
« Habsbourg contre la patrie allemande. Oui, messieurs,
« il n'y a qu'une cause qui rende une armée invincible,
« c'est la liberté. »

M. Magnin (membre du gouvernement du 4 septembre) :
« La loi présentée a deux inconvénients principaux, elle
« entrave l'accroissement de la population et pèse trop
« lourdement sur elle. *Les armées permanentes, en théorie,*
« *sont jugées et condamnées*. L'avenir appartient à la
« démocratie armée. La loi que vous faites n'a pour
« but et n'aura pour résultat que d'accroître encore nos
« forces et d'épuiser nos finances. » (M. Garnier-Pagès :
— Très bien ! Très bien !) — « Je repousse donc la loi
« parce qu'elle est une surcharge imposée à la nation ;
« je la repousse parce qu'elle est anti-démocratique, anti-
« égalitaire, et laissez-moi espérer que les mandataires du
« suffrage universel ne voteront pas une augmentation
« de charges aussi considérable. »

M. Picard (membre du gouvernement du 4 septembre) :
— « Je me demande comment, en présence des forces et
« des succès de la Prusse, le gouvernement a cédé à
« cette pensée de chercher les forces de la France dans
« l'exagération du nombre d'hommes, alors que, précisé-

« ment, il avait en face de lui un Etat qui, malgré son « *infériorité numérique,* avait sû conquérir la victoire. »

Sur l'article 1er du projet, la gauche présente un amendement portant suppression absolue de l'armée permanente, et la remplaçant par des gardes nationaux astreints à faire l'exercice deux jours par mois et à passer, tous les six ans, trente jours dans un camp de manœuvre. Entendons les orateurs du parti sur cet amendement :

M. J. Simon : « Je suis convaincu, qu'avec ce système, « on arriverait à avoir de meilleurs tireurs et des hommes « *plus aguerris* que vous n'en aurez avec votre système « de 5 ans de service actif..... Il manque *pourtant* « *quelque chose à notre armée ainsi conçue,* c'est l'esprit « militaire..... C'est en effet une armée de citoyens, *non* « *de soldats*..... Au lieu d'une armée imbue de l'esprit « militaire, nous voulons une armée de citoyens qui soit « invincible chez elle et *hors d'état de porter la guerre* « *au dehors.* Elle fera disparaître l'excessive discipline « qui tue le citoyen dans le soldat. Il n'y a pas d'armée « sans esprit militaire, dit-on, *alors nous voulons une* « *armée qui n'en soit pas une.* »

M. J. Favre : « Pourquoi *tous ces préparatifs* si nous « devons rester en paix ? N'y a-t-il pas quelque chose « d'anormal dans la conduite d'un ministre de la guerre, « autorisé, respecté comme le nôtre, qui nous déclare que la « nature des choses veut que notre *effectif militaire soit* « *augmenté,* alors que, cependant, il affirme que la France « n'est pas menacée et qu'elle ne menace personne ?... « Soyez-en sûrs, nos véritables alliés ce sont les idées, « c'est la justice, c'est la sagesse..... La *nation la plus* « *puissante* est celle qui peut désarmer. Donc, au lieu

« *d'augmenter* nos forces, rapprochons-nous sans cesse du « désarmement. »

M. E. Olivier (alors dans l'opposition) : « Où est la né- « cessité ? où est le péril ? Qui nous menace ? Qui nous « inquiète ? Personne. Est-ce le chiffre de l'armée prus- « sienne ? Mais elle est essentiellement défensive..... « Si vous persévérez dans votre politique actuelle, la « guerre vous saisira malgré vous. Il n'y a que deux « moyens d'assurer la paix : *repousser la loi et établir un* « *gouvernement constitutionnel libéral.* »

M. Garnier-Pagès (membre du gouvernement du 4 septembre) : « Il n'y a qu'une bonne organisation militaire : « *la levée en masse.* Lorsque nous avons fait la levée en « masse, nous avons vaincu la Prusse et nous sommes « allés à Berlin. *(Protestations. — Comment des levées en* « *en masse en 1807 !)* — « Chaque puissance à son tour « vient nous affirmer que l'influence matérielle, l'influence « de la force armée est la seule puissance. La vraie « puissance, croyez-le, c'est l'influence morale. »

M. de Janzé (opposition) dit qu'il faut *désarmer :* « Qu'on « nous ramène, s'écrie-t il, aux contingents de 60,000 « hommes (soixante mille hommes). Et si la guerre nous « menace, *deux ou trois mois avant* l'ouverture des hosti- « lités, vous demanderez des soldats, et alors, on vous « en donnera *deux millions* s'il le faut. »

Toute la phalange de l'opposition fait chorus sur le même ton. MM. Louvet, Buffet, Bethmont, le colonel Régis lui même, trouvent exagéré le chiffre de 800,000 hommes.

En face d'une attitude semblable, que fait le gouvernement ? Il fait son devoir. Ecoutons M. le maréchal Niel, ministre de la guerre :

« On vous parle, dit-il, de *levée en masse*. La vraie « levée en masse, sérieuse, *pratique*, c'est le *système* « prussien. Quant à la levée d'hommes *sans éducation* « *militaire*, c'est un *monstrueux préjugé*. Appeler de gros « contingents en cas de guerre, c'est *une autre illusion*. « Avec la rapidité qu'ont acquise aujourd'hui les opéra- « tions militaires, avant que les *gros contingents* fussent « prêts à entrer en campagne, *la guerre serait déjà finie*. « Vous dites que pour combattre les masses organisées de « l'ennemi les volontaires afflueraient. Hélas ! ce sont « *des tableaux poétiques* .... Moi, je demande du *positif*..... « J'attache une grande importance à ce que la garde mo- « bile soit exercée au tir à la cible ou au tir du canon. « Mais il se présente une grande difficulté. La Commission « ne veut pas admettre un déplacement de plus de douze « heures. C'est en vue de ces difficultés que l'autorisation « de réunir la garde mobile pendant huit jours avait été « demandée par le gouvernement. Ces raisons, je les ai « exposées à la commission. *Mais je n'ai pu la convain-* « *cre*.. »

M. Garnier-Pagès s'écrie : « Qu'est-ce que la force ma- « térielle ? Ah ! si vous vouliez, au contraire, employer « la force morale ! Le budget de la guerre vous mène à « la banqueroute. C'est la plaie, c'est le chancre qui nous « dévore !..... Oui, Messieurs, et si je pouvais trouver un « mot plus fort, je l'employerais, parce que je veux frap- « per les esprits. »

M. J. Favre s'élance à la tribune. Il s'indigne de *lire dans les documents officiels* qu'il faut que la France *soit armée comme ses voisins* Le maréchal-ministre a été obligé d'envoyer plus de 80 mille hommes en congé, on en demande encore. Et le rapporteur du budget de 1868 est chargé de *solliciter* de la Chambre un vote indiquant au gouvernement impérial *qu'au lieu d'armer il doit entrer dans la voie du désarmement*. Le maréchal répond : « Ce « qu'on me demande est impossible..... Je suppose que « j'accepte l'amendement et que l'armée se trouve compro- « mise, qu'il soit démontré que la mesure prise com- « promet la solidité de l'armée, vous faites échouer « tout mon système. — Mon système est d'avoir une *armée* « *toujours disponible*. »

Malgré cet énergique plaidoyer, la Chambre vota la réduction. On demanda encore le renvoi de 3,000 chevaux chez les cultivateurs, le maréchal revint à la tribune et s'écria d'une voix triste : « Je viens combattre l'amen- « dement de la commission ; je ne vous dissimulerai pas « que j'ai peu d'espoir de réussir. Je ne pourrais pas « soutenir longtemps le rôle qui consisterait à venir vous « dire à chaque instant : *ce que vous faites pour l'armée* « *est insuffisant*. Comment pouvez-vous vouloir que l'on « me refuse à chaque instant les choses que je regarde « comme nécessaires ? »

M. J. Favre : « Messieurs, les hommes spéciaux sont « de mauvais juges, car ils oublient *trop* par *quelles* « *forces supérieures la France serait défendue si jamais* « *elle était au moment du danger*...... »

M. Pelletan : « Je comprendrais les pompiers *armés* « *pour le cas d'une invasion*. Mais une invasion est-elle « *possible ?* On s'indignerait si je formulais une prévision « semblable ; et on aurait raison. »

Mais le plus répréhensible, le plus coupable de tous, celui dont la responsabilité est d'autant plus lourde, que son âge, ses études, son expérience lui faisaient un obligation de venir en aide au gouvernement, dans cette œuvre toute nationale, au lieu de le combattre, comme il l'a fait, par des arguments, dont il devait être le premier à reconnaître la caducité, on l'a deviné, c'est M. Thiers.

« Il y a une chose qu'on oublie, dit-il. On dirait qu'il « n'y a que la garde nationale pour défendre le pays, et « que la garde nationale mobile n'étant pas constituée, la « France est découverte. Je vous le demande, à quoi nous « servirait donc cette admirable armée active, qui nous « coûte quatre à cinq cents millions par an? Vous sup- « posez donc qu'elle sera battue dès le premier choc, et « que la France sera immédiatement découverte?.... *On « vous présentait l'autre jour des chiffres de 1,200, de « de 1,300, de 1,500,000 hommes comme étant ceux « que les différentes puissances peuvent mettre sous les « armes.* Je ne dis pas que ce soit sur ces chiffres qu'on « ait fondé votre vote, mais enfin ils vous ont fait éprou- « ver, quand on vous les a cités, une impression fort vive. « *Eh bien! ces chiffres là sont parfaitement chimériques...*

« *La Prusse, selon M. le Ministre d'Etat, nous pré- « senterait 1,300,000 hommes. Mais, je le demande, où « a-t-on vu ces forces formidables? La Prusse, combien « d'hommes a-t-elle porté en Bohême en 1866? 300,000 « environ...* C'est que, Messieurs, il ne faut pas se fier « *à cette fanstamagorie de chiffres... ce sont là des fables « qui n'ont jamais eû aucune espèce de réalité.* (Ap- probation autour de l'orateur). « Donc, qu'on se rassure, « notre armée suffira pour arrêter l'ennemi. Derrière elle « le pays aura le temps de respirer et d'organiser tran- « quillement ses réserves. *Est-ce que vous n'aurez pas « toujours deux ou trois mois, c'est à dire plus qu'il ne « vous en faudra* pour organiser la garde nationale mobile « et utiliser ainsi le zèle des populations? D'ailleurs, les

« volontaires afflueront. Vous vous défiez beaucoup trop « de votre pays..... J'ai acquis quelques connaissances de « ces matières; croyez-moi, ne faites pas la garde mobile « et consacrez à l'armée les vingt-cinq ou trente millions « qu'elle vous coûterait. »

M. Rouher : « M. Thiers traite de fanstamagorie nos « calculs. Ils sont pourtant exacts. La Prusse en certain « cas, pourra disposer de 1,300,000 hommes. Et je pré- « tends que c'est faire un fond sérieux dans le courage « éprouvé de nos soldats, que de penser, qu'avec une force « de 750 à 800,000 hommes, la France pourra résister à « une telle puissance militaire. On ne doit pas oublier « quelle distance il y a entre l'effectif nominal et l'effectif « disponible. Ainsi en 1859, ayant 639,000 hommes sur « le papier, nous n'avons pû en envoyer en Italie que « 229,000. A Solférino, il n'y en avait que 107,000. »

L'empereur, qui suivait, avec la plus vive attention, la discussion du projet, profondément attristé de sa mutilation, alla jusqu'à jeter sa parole autorisée dans les débats. La session de 1867 s'ouvrit par un discours, où je relève ce passage, qui devait recevoir contre la France sa douloureuse confirmation : « L'influence d'une nation dépend du « nombre d'hommes qu'elle peut mettre sous les armes. »

M. Garnier-Pagès protesta *énergiquement* contre ces paroles du message impérial, et soutint que l'influence d'une nation *ne dépend* que *de ses principes.* « Les alliances avec « les gouvernements n'ont pas de valeur, ajouta t il. Les « alliances avec les peuples sont seules utiles. Les rivières, « les montagnes, les forteresses, ont fait leur temps. La « *vraie frontière,* c'est le patriotisme. »

Lors de la discussion du budget de 1870, la gauche demanda encore la réduction de l'armée. M. Thiers cette fois la combattit; mais il n'en étala pas moins un optimisme funeste sur l'état de nos ressources militaires. «Si nous avons « la paix, dit-il, si l'on ne nous menace pas, c'est qu'*on* « *nous sait prêts à la guerre*. La chose est évidente comme « la lumière ; oui évidente pour tous ceux qui connaissent « l'état de l'Europe. Savez-vous pourquoi la paix a été « maintenue ? *c'est parce que vous êtes forts*. J'ai observé, « je dirai presque c'est ma profession de le faire, j'ai « observé l'état de l'Europe, depuis ma jeunesse, et parti- « culièrement depuis les événements de 1866 ; eh bien ! « — Dieu me garde d'avancer à l'égard des prédéces- « seurs de M. le maréchal Lebœuf rien qui diminue leur « considération et la justice qui leur est dûe. — Mais il « est facile de reconnaître que, lors de l'affaire du Luxem- « bourg, la France n'était pas dans l'état *où elle doit* être « *pour être* respectée. »

« *Ce qui l'y a replacée, ce sont les armements dûs à M. le* « *maréchal Niel*, avec lequel on peut différer sous le rapport « du système d'organisation militaire, mais avec lequel on « ne peut que se trouver d'accord sur l'ardeur qu'il a « mise à précipiter nos armements. »

« Quant à moi, sans avoir la prétention de mettre mon « avis à côté de celui des hommes du métier, l'*étude que* « *j'ai faite de l'Europe, des diverses puissances qui la* « *divisent, de leurs ambitions*, de leurs forces, de leurs « moyens financiers et militaires, me permet cependant « d'avoir une opinion tout à fait arrêtée sur la question « qui vous occupe. »

Il a donc eu tort plus tard, après nos premières défaites, de dire à la Chambre : « Messieurs, je puis aujourd'hui vous avouer que, lorsqu'il y a quelques jours, je vous suppliais de réfléchir avant de déclarer la guerre, il y a une chose que je ne vous disais pas, parce que je ne pouvais pas vous le dire, c'est que *la France n'était pas prête.* » (Séance du 11 août 1870).

Pourquoi alors, disiez-vous, le 1er juillet, quarante jours auparavant : *On nous sait prêts à la guerre* ? Ou pourquoi, en supposant véritable le motif de votre opposition, que vous ne pouviez faire connaître publiquement, ne l'avez-vous pas fait savoir à la commission, nommée pour rapporter sur la guerre? Votre qualité de citoyen français vous en faisait une obligation. Garder le silence, lorsque l'intérêt du pays commande de parler, c'est de la trahison. Mais soyons sincères, et pour l'honneur de votre patriotisme, qui recevrait autrement une rude atteinte, avouons, M Thiers, que vous avez bien partagé nos illusions, que dis-je? Nul plus que vous n'a contribué à les vulgariser.

M. le comte de la Tour analysa les forces prussiennes et déclara qu'il serait *souverainement imprudent de diminuer les nôtres.* « Si la Prusse a triomphé de l'Autriche, ajouta-t-« il, c'est parce que pendant sa transformation militaire, « les *docteurs* du parlement autrichien *travaillaient* à *diminuer* et à *désorganiser l'armée*, sous prétexte de faire « des économies dans les finances. »

Les hommes de l'opposition ont-ils fait autre chose en France?

Et ce sont ces hommes qui, devenus pour la plupart ceux du 4 septembre, ont osé reprocher à l'Empire *sa criminelle inaction ?*

Mais écoutons là-dessus le langage de l'opinion publique sorti de celui de la presse, et non de la presse amie de l'Empire. L'*Univers* disait : « Il est curieux de voir le

« *Siècle* attribuer uniquement à l'administration impériale « les causes de notre infériorité militaire. »

« Mais qui donc a applaudi au triomphe et à l'agrandis- « sement de la Prusse en 1867 ? Qui a toujours préconisé « systématiquement la paix au détriment des intérêts du « pays? Qui a fait réduire d'année en année nos contin- « gents? Qui a constamment cherché dans la loi du con- « tingent, un moyen populaire d'opposition au régime im- « périal? Qui a entravé l'œuvre de réorganisation militaire « entreprise par le maréchal Niel, le seul ministre capa- « ble de la mener à bonne fin, l'homme qui avait compris la « guerre avec la Prusse?

« N'est-ce pas le *Siècle* et son parti? Ne sont-ce pas « ses patrons, ses amis, ses clients? On les pourrait tous « nommer. »

Dans un autre numéro le comte de la Tour, ancien député, écrit : « La Prusse se préparait ouvertement à envahir la France, durant ce temps les journalistes et les « orateurs de l'opposition *travaillaient avec acharnement* « *à diminuer notre force militaire pour renverser plus* « *aisément l'Empire.* »

La *Gironde*, l'un des principaux organes de la délégation de Bordeaux, disait à la *Gazette de France* : « Quoi! « vous osez bien parler du défaut de direction, d'organi- « sation, vous qui, tous les jours, depuis la première co- « lonne de votre journal jusqu'à la dernière, semez la dés- « organisation et la haine! Vous osez parler du manque « d'obéissance! Et quel est le jeune soldat qui, en face de « l'ennemi, après avoir lu les odieux articles où vous vous « évertuez systématiquement à dénigrer les hommes qui « l'envoyent au combat, *quel est le soldat, s'il vous écou-* « *tait, qui ne jetterait loin de lui les armes* et ne dirait :

« Si c'est pour de semblables incapables, pour de tels am-
« bitieux, pour de tels malhonnêtes gens que je risque ma
« vie, sauve qui peut ! »

Mais l'argument frappe aussi bien les feuilles républicaines que la *Gazette de France*, et la *Gironde* se blesse avec ses propres armes.

Qui ne connait ce grave aveu fait par M. Laurier devant le Conseil de guerre de Marseille au mois de Juin 1871 ?
« Laissez-moi vous demander pardon. Nous avons pendant
« quinze ans attaqué l'armée. Nous nous sommes moqués
« d'elle sur tous les rythmes et sur tous les tons. Je vous en
« demande pardon, nous sommes des railleurs. Nous avons
« raillé la patrie en disant que c'était un poteau gardé par
« un douanier. Nous avons raillé l'armée. Je vous en de-
« mande pardon en mon nom et au nom de mon parti ; car
« je suis de ceux qui savent ce que c'est que la disci-
« pline... »

Je pourrais multiplier les citations, je n'ai que l'embarras du choix, mais en voilà bien assez, pour fixer les amis de la vérité : et j'aime à reconnaître qu'il n'en manque pas en France.

Un autre point sur lequel il importe également d'attirer l'attention du lecteur, c'est la participation plus directe de la nation à la déclaration de guerre. Ce qui m'a fait dire, dans le cours de ce travail, que nul en France ne peut se désintéresser des événements, que je vise, et de leur responsabilité. L'opinion publique était si unanime à cet égard, la chambre la reflétait si bien, qu'après la déclaration de M. le duc de Gramont, le *Gaulois* (opposition) a pu dire : « Il n'y avait plus de gauche, il n'y avait plus de centre, il n'y avait plus de droite. Il n'y avait, dans la Chambre, que des Français. » Toute la Chambre se lève et bat des mains. Les tribunes elles-mêmes appuient la manifestation. Les dames agitent leurs mouchoirs, les hommes crient hurrah! L'émotion est indescriptible[1]. A l'appui de cette unanimité, je pourrais citer maints extraits de journaux de Paris et de la Province. Je me garderai bien de puiser dans les feuilles officieuses ou agréables à l'Empire. Leur témoignage pourrait paraître intéressé. Je ferai donc appel à la presse qu'aucun soupçon de complaisance ou seulement d'indulgence pour le régime tombé le 4 septembre ne saurait atteindre, et ne témoignait *son affection* au gouvernement d'alors qu'en le *bien châtiant*.

L'UNIVERS.

« Cette déclaration était hier soir, dans les cercles et « les lieux publics, l'objet de toutes les conversations. Le « ferme langage du gouvernement *était unanimement approuvé et même applaudi*. Les agents prussiens pourront « donc faire savoir à S. M. Guillaume et à M. de Bis- « marck que nos ministres ont incontestablement été dans « cette circonstance *les organes contenus de l'opinion gé- « nérale*. »

L'OPINION NATIONALE.

Autant il nous a paru que nous nous devions montrer réservés tant que l'action de la Prusse se renfermait en Allemagne, autant nous devons nous montrer susceptibles,

---

[1] C'est à Marseille, où je me trouvais le 7 Juillet 1870, que je lus, dans un journal de Paris, arrivé le matin, ce qui s'était passé la veille au corps législatif. Mon étonnement n'eût d'égal que mon indignation contre les prétentions de la Prusse, et j'avoue que j'étais à mille lieues de soupçonner que nous ne fussions pas en mesure de lui en faire rabattre. L'animation était extrême dans la ville. Tout le monde applaudissait au langage du Ministre.

dès que nous apercevons cette action s'exerçant dans des conditions suspectes parmi le groupe des nations latines.

En restant sur ce terrain, le gouvernement peut tenir comme il l'a tenu en effet, un langage haut et ferme. Il aura toute la France derrière lui..... M. de Bismarck passe toutes les bornes ; s'il veut conserver la paix, qu'il recule. Quant à nous, nous ne le pouvons plus. — Ad. GUÉROULT.

La situation morale de la France atteinte déjà, déjà diminuée par plus d'un échec, était hier menacée. Subir et se taire, c'était abdiquer..... Il y a des moments où l'audace et le courage sont le comble de la prudence.

Pour ma part, je crois qu'hier nous en étions là.

LE GAULOIS.

L'honneur est sauf!

Pour la première fois depuis le 23 février, le ministère a parlé aujourd'hui le seul langage digne d'un cabinet français, digne du pays qui l'écoutait..... Si nous avions supporté ce dernier affront, *il n'y avait plus une femme au monde qui eût accepté le bras d'un Français.*

Si les intentions de M. de Bismarck sont pures..... il n'en coûtera rien au monarque prussien de *donner publiquement le désaveu que nous sommes en droit d'attendre de lui.* S'il résiste, s'il polémique, quelle preuve plus décisive exigera-t-on, de son parti pris de nous blesser et de nous traiter comme des principicules tudesques? — H. PESSARD.

LE FIGARO.

En admettant aujourd'hui que la Prusse dégage à la fois son intérêt et sa responsabilité dans la candidature du prince de Hohenzollern : c'est-à-dire, qu'elle prouve qu'elle n'y a pas trempé, qu'elle ne veut pas le soutenir et qu'elle le désavoue, *la France est en droit d'exiger plus.* Se voyant berné, trompé, joué par la Prusse, le gouvernement français doit *exiger des garanties.....*

Le concours que le Gouvernement peut attendre du pays a été caractérisé par les applaudissements de la Chambre, devant les déclarations de M. de Gramont. La gauche elle-même, qui le premier jour avait montré de la prudence et même de l'hostilité, a dû céder *devant la libre manifestation de l'opinion publique.* — JULES RICHARD.

LE CORRESPONDANT.

M. de Bismarck a manifestement conçu le projet de rétablir au profit de son pays l'ancienne puissance de la maison d'Autriche.....

Bloquée de toute part et enserrée dans un inflexible réseau, la France impuissante et avilie n'aurait plus qu'à étouffer entre le Rhin, les Pyrénées et les Alpes..... *Aussi sommes-nous de ceux qui applaudissent à la ferme attitude adoptée par le Gouvernement.* Depuis trop longtemps notre complaisance était au service des agrandissements d'autrui. Nous sommes soulagés de nous sentir enfin redevenus Français. *Toutes les âmes patriotiques ont salué, comme la Chambre, la déclaration du pouvoir en y retrouvant avec joie le vieil accent de la fièvre nationale.....* — LÉON LAVEDAN.

ECHOS DE LA CHAMBRE.

Quoi qu'il arrive, tout est pardonné. Le *Soir* l'a dit et les députés qui sont là jugent que le *Soir* a bien raison: il faut soutenir les ministres! M. Emile Olivier et M. de Gramont sont deux hommes de cœur qui ont enfin parlé français!

Sauf deux ou trois « citoyens du monde » (entre autres M. Crémieux), tout le monde est pour le cabinet. *Dans la gauche même, on dit aujourd'hui comme hier, que les deux ministres ont tenu le seul langage qui fût honorable en un pareil moment.*

Un mot du gouvernement, un signe, et la France entière marchera, sauf M. Garnier-Pagès, le père du peuple!

La gauche se tue depuis deux jours. Elle a beau faire, tous les députés, sauf sept ou huit, voient clair dans son jeu et répètent à tout venant que la gauche eût crié au déshonneur si le ministère avait cédé. Le Gouvernement résiste, elle crie à la témérité. Dans un pareil moment c'est pitoyable!

Pour tout esprit impartial, la lumière est faite sur les causes de la guerre Franco-Allemande, des deux côtés du Rhin. Chaque page, chaque ligne de l'histoire apporte son éclaircissement et sa leçon sur les épreuves, par lesquelles nous avons eu la douleur et la honte de passer, voici tantôt deux ans. La France a pû les supporter jusqu'ici, elle a pû les vaincre, mais il n'est pas certain qu'elle puisse rester plus longtemps dans cette impasse, sans jouer son avenir. Elle a donc le droit de se faire entendre; c'est un devoir sacré de l'écouter. Qu'on l'appelle sans plus tarder à se prononcer; qu'elle dise et que chacun s'incline devant l'arrêt souverain de sa suprême volonté. J'ai déjà eu l'occasion de déclarer[1], il ne me coûte rien de répéter que j'accepte d'avance, comme tout bon citoyen doit accepter, la forme gouvernementale que le pays sera appelé à se donner. Ce qui ne veut pas dire que je fasse litière de mes opinions, de mes préférences, loin de là. Mais je les subordonne sans peine à l'intérêt de la nation. Cette conduite, que j'ai toujours regardée comme un devoir, ne

[1] Page 7.

m'en fait pas moins l'obligation de verser mon humble avis sur cette importante question.

On a retenu de ce qui précède, qu'à quelque point de vue qu'on se place, aucun régime en dehors de l'empire ne peut remettre la France dans sa voie. C'est aux modérés que je m'adresse, aux gens sensés, aux amis du pays et de la vérité, comme je me plais à reconnaître qu'il y en a dans tous les partis. Loin de moi la prétention de convaincre tout le monde; ce serait un miracle. Mais je ne m'en tiendrai pas moins pour très-satisfait, s'il m'est donné de voir que je pense comme la majorité de mes concitoyens.

L'Empereur a fait pour la France ce qu'aucun souverain n'a sû ou n'a pû faire avant lui. Appelé par la nation à diriger ses destinées, dans un des moments les plus critiques de son histoire, il sût se mettre de suite et se maintenir à la hauteur de sa tâche. Sous sa puissante initiative, le pays se releva promptement de l'état de prostration où l'avait jeté une série de commotions, issues des évènements de 1848.

Son nom, synonyme de gloire, devint synonyme d'ordre, dont le peuple voulut étendre le bénéfice aux générations futures, en lui décernant une couronne, qui devait tomber sous la lâcheté et la trahison. Sous lui et par lui, la France fut portée à l'apogée de la puissance, de la grandeur et de la prospérité. Les franchises commerciales les plus étendues en firent bientôt le comptoir des deux mondes. L'esprit moyen-âge, qui souffle dans les régions actuelles du pouvoir, ne peuvent que le faire fermer. Reflétant au suprême degré le sentiment national, il a sû faire rectifier notre frontière du côté des Alpes, comme il l'aurait fait rectifier ailleurs, s'il n'avait été trahi, et la nation avec lui[1], par des hommes qui, pour briser son trône, n'ont pas rougi de s'aider de l'étranger qu'il venait de combattre ; par des hommes qui n'ont cherché à mettre la main sur les places que pour les mettre plus facilement dans les caisses.[2];

[1] Si l'opposition n'avait pas fait rejeter le projet présenté par le Gouvernement impérial en 1866, jamais les Allemands n'auraient franchi le Rhin.

[2] Après le 4 septembre 1870, M. Esquiros, nommé par Gambetta administrateur supérieur des Bouches-du-Rhône, s'appropria 179,385 fr. 94 c., affectés à des travaux, pour les appliquer à ses besoins personnels, et à ceux de sa *petite cour*. Voici quelques-unes des pièces justificatives de l'emploi :

DOIT ESQUIROS A BOUSQUET.

Raccommodage d'une paire de souliers 90 c.

Blanchissage du Sitoyes (*sic*) Esquiros.

11 chemises....................	2 fr. 20 c.
18 mouchoirs....................	» » 80 »
3 paires de chaussettes..........	» » 15 »
6 » de manchettes............	» » 50 »
6 faux-cols....................	» » 50 »
1 bonnet de nuit (*était-il phrygien ?*).	» » 05 »
	3 » 80 »

Pour acquit :

Adèle VEILLARD.

Pertus, chemisier, fourni :

Le 14 septembre, 1 chemise.............. 5 fr.

Le 19 septembre, 3 chemises............ 15 »

Ferraud aîné, drapier, Grand'Rue, 6.

Fourni 2 mètres drap demi-saison, à 15 fr. le mètre 30 fr.

Massue jeune. — Fourni à la femme de chambre d'Esquiros 2 bâtons de cosmétiques.................................. 2 fr.

Reçu du citoyen Dupont, trésorier-payeur à la préfecture, la somme de vingt francs à compte sur mes appointements en qualité de femme de chambre.

Marseille, 4 octobre 1870.

Signée : Joséphine JANSELME.

par des hommes qui ont perdu le droit et l'honneur de s'appeler Français, parce qu'ils ont sacrifié deux de nos

---

Doit. — La préfecture des Bouches-du-Rhône à Françoise Moutte, poissonnière de la commission départementale.

Savoir :

Septembre	21 —	Merlans, 1 k. 6 h.	à 4 fr.	6 fr. 40
—		Loup, 2 k.	à 4 » 50	9 » »
—		Maquereaux, 2 k. 1 h.	à 2 » »	4 » 20
—	22 —	Bouillabaisse, 3 k.	à 3 » 50	10 » 50
—	23 —	id. 2 k.	à 2 » 25	4 » 50
—		Langouste, 2 k. 2 h.	à 3 » 50	7 » 70
—		Sole, 1 k. 6 h.	à 5 » »	8 » »
—	24 —	6 douzaines d'oursins	à » » 25	1 » 50
—		Merlans, 3 k. 3 h.	à 4 » »	15 » »
—	25 —	2 douzaines praires	à 2 » »	4 » »
—		1 » clovisses	à 1 » »	2 » »
—		Sole, 2 k.	à 4 » 50	12 » 70
—		Loup, 2 k. 2 h.	à	10

Etc., etc.

Vu conforme.

Vérifié.

Pour acquit. (*Sic* ;)

L'ECONOME, BIENVENU.

Cette facture se termine au 30 septembre et s'élève à la somme de 177 fr. 72 c.

Doit. — La Préfecture à Dabout et Chanbran :

Comestibles . . . . 10,847 fr.

Il y a huit mois, deux cents contribuables et électeurs des Bouches-du-Rhône ont pétitionné à l'Assemblée et au gouvernement de Versailles, pour la restitution de cette somme que M. Esquiros et Cie ont employée pour leur usage particulier outre bien entendu leur traitement, *et attendent* encore la réponse à leur requête.

M. Pouyer-Quertier a dit en pleine Assemblée, le 9 mars 1872 : « Nous avons *tout* payé, nous avons fait face à *tous* les engagements « contractés honorablement..... *ou autrement*, à Tours, à Bordeaux « et à Paris. »

plus belles provinces à la crainte de le voir rentrer aux Tuileries[1].

Frappé des tendances de l'Europe contemporaine vers les grandes agglomérations, et persuadé que la France ne devait pas se laisser devancer dans cette voie, il tourna dès lors ses regards et ses efforts vers les peuples d'origine et de confession communes. Après avoir assuré l'influence occidentale en Orient, il songea à la réalisation de son projet, dont devait renaître un peuple de frères. Un homme, un génie comme lui, avait été initié à son idée, et fut associé à son œuvre. Le comte de Cavour lui prêta le plus intelligent concours et l'Autriche lui fournit l'occasion du succès. La campagne de 1859 fut aussi rapide que glorieuse pour les armées alliées. Les deux gouvernements de Paris et de Turin songèrent dès lors, pour en assurer et en développer les résultats, à donner un corps à cette alliance latine, dont l'utilité devenait de plus en plus évidente.

Restait l'Espagne. M. le comte P. et le journaliste M. furent chargés d'étudier secrètement ses conditions politiques et la possibilité d'une entente en vue de l'union projetée.

« Mais, dit C. O., soit que cette mission eût été mal « remplie, soit que l'opposition cléricale commençât à « troubler les bons rapports de la France avec Italie, le « projet d'alliance n'eut pas de suite. »

Les événements ont marché dès lors, dans les deux péninsules, dans les conditions les plus heureuses et les

---

[1] Lors du traité de paix entre la France et l'Allemagne, M. de Bismarck obtint tout ce qu'il voulût de M. Jules Favre, en lui parlant de l'Empereur et de la possibilité de sa rentrée en France.

plus favorables à l'alliance désirée. L'Italie a complété son unité sous la main d'un monarque de son choix; et l'Espagne s'est donné pour souverain l'un des princes de cette maison de Savoie, qui sont la gloire de leur pays d'origine et le bonheur de ceux qu'ils gouvernent.

Les peuples et les chefs de ces deux pays, qui ont souffert des malheurs de la France, ne demandent qu'à lui tendre une main amicale à travers les Alpes et les Pyrénées. Nul chez nous n'est mieux qualifié pour la presser que l'Empereur Napoléon. Italien d'origine, Français de naissance, il est Espagnol par alliance, et réunit ainsi sur sa tête le triple élément du groupe latin. J'ai dit ailleurs, et dès 1870, que les prétentions qui se sont révélées, et n'ont fait que s'accentuer de l'autre côté du Rhin, nous font, à tous tant que nous sommes de la grande famille latine, une loi d'existence d'unir nos forces et nos volontés, dans la création d'une *Confédération latine*, formée des peuples de cette race.

La France ne peut rester mutilée, l'insatiabilité de son vainqueur lui a fermé les yeux sur un droit auguste, que je nourris l'espérance d'aider à faire redresser contre lui. La rive gauche du Rhin appartient à la France, comme la rive droite à l'Allemagne. C'est une ligne tracée par la nature; les voleurs de provinces ne prévaudront pas contre elle.

Cette idée est *profondément historique*, dit Aug. Thierry et *profondément nationale*. On pourrait l'appeler la passion du Rhin, nous agitant dès Henri II jusqu'à Napoléon III. La maison de Bourbon en a fait l'objet de ses constants efforts, continués avec succès par la première république. Peut-être est-ce la seule page de notre histoire, où la tradition monarchique et la tradition républicaine se confondent; la première disant avec M. de Bonald: *sans la limite du Rhin, la France n'est pas finie*, et *ne saurait être stable*; la seconde, disant avec Vict. Hugo : « Il faut pour que l'Europe soit en équilibre, deux grands Etats du Rhin : l'Allemagne sur la rive droite, la France sur la rive gauche. »

Cette tradition nationale, toute naturelle chez le Français, est parfaitement d'accord avec l'histoire et la géographie. Tous les géographes, tous les historiens, anciens et modernes, qui se sont occupés de cette partie de l'Europe, ont assigné le Rhin comme limite entre la Gaule et la Germanie, et plus tard, entre la France et l'Allemagne. Et bien que cette assignation ait reçu des événements de nombreux faits contraires, bien qu'aujourd'hui surtout elle semble contredite par tout ce qui se passe sur les bords du fleuve, il ne s'ensuit pas le moins du monde qu'elle ne soit la seule véridique, la seule légitime, parce qu'elle est la seule naturelle. Or rien ne saurait résister aux lois de la nature; et un jour viendra, (le ciel me fera bien la grâce de le voir) où il sera donné à la France d'avoir son *pré carré*, comme disait Vauban à Louis XIV [1].

Mais pour cela, il faut que chaque Français fasse, sur l'autel de la patrie, le sacrifice de ses passions, de ses préférences, de ses affections particulières; il faut qu'il donne l'exemple de l'abnégation, du travail, de l'économie; il faut qu'il mette fin, sans retard, à toutes ces querelles, ces dissensions, ces disputes qui nous affaiblissent et nous déconsidèrent même aux yeux de nos ennemis, qu'elles ré-

[1] Cette idée se rattache à un vaste plan d'ensemble, dont il serait imprudent de lever aujourd'hui seulement un coin du voile, et que, dans ma pensée, je subordonne à l'alliance latine.

jouissent; il faut qu'il se pénètre bien de cette idée que *l'union, c'est la force*, et que la force seule nous permettra de reprendre, avec le concours de nos amis, de nos alliés, les provinces extorquées par la force.

Ces amis, ces alliés, que le doigt de Dieu nous désigne, sont là tout prêts à mettre la main dans la nôtre. Ne la repoussons pas, nous en avons tous besoin, nous en avons besoin surtout parce que la haine de M. de Bismarck vise plus haut que la France, et que, comme j'ai eu l'occasion de le dire ailleurs, si dans un moment de bonne fortune insolente, il a pû peser sur elle de tout le poids de sa jalousie, c'est qu'il sait que la France est encore le plus puissant boulevard du *groupe latin* dont il a juré l'anéantissement. « La *race latine* est *usée*, a-t-il eu l'audace « de dire un jour à M. Angel de Miranda, attaché à l'am« bassade d'Espagne à Paris, *aujourd'hui* ses *destinées* « sont *finies*, et elle est appelée à s'*amoindrir* peu à peu « jusqu'à disparition *totale*, en tant que *collectivité.* » Est ce clair ?

Ceux donc, qui ne craignent pas de fomenter la discorde ou la défiance entre les différents membres de la grande famille latine, font le jeu de notre ennemi commun. Ce sont de mauvais citoyens qu'il appartient à chacun d'éclairer ou de dévoiler. C'est un devoir auquel, pour ma part, je ne faillirai pas. J'ai la douleur de voir et l'obligation de dire que presque toute la presse conservatrice en France semble être inféodée à cette triste campagne. On dirait un parti pris de trouver exécrable tout ce qui se fait, tout ce qui se passe en Italie et en Espagne, où la colonie allemande a augmenté, depuis une année, dans des proportions sensibles et précisément en rapport avec a diminution de l'émigration française. Les deux péninsules présentent un spectacle tout contraire. La partie éclairée, la partie sensée de la population, celle qui forme la nation, y est toute sympathique à la France, à l'alliance latine. On y comprend que les intérêts en jeu étant communs, l'action, qui vise leur défense, doit être commune, et que c'est compromettre cette action avec ses résultats, que de faire ou de maintenir la tension dans nos rapports[1]. Unissons-nous donc dans un même sentiment d'affection réciproque et d'intérêts solidaires, pour parer le danger qui nous menace. Unissons-nous contre le thaler[2], l'arme corruptrice d'un vil corrupteur. Opposons la ligue du patriotisme et de l'honneur à la ligue de l'égoïsme et de la vénalité. Et forts de notre droit et de notre entente, nous saurons déjouer tous les Prussiens du monde.

J'aime trop l'Italie, son peuple et son Roi, pour ne pas mettre sous leurs yeux le rapprochement que voici : En 1862, des *touristes* prussiens parcouraient, le calepin à la main, les duchés de Schleswig-Holstein, et en 1864, ils envahissaient, à la tête de leurs bataillons, ces mêmes duchés, que la Prusse détient par la force, et ne lâchera que par la force. L'année suivante, d'autres *amateurs* de la même nation visitèrent la Bohême et la Moravie, et en 1866, l'Autriche était écrasée chez elle par son ex-alliée de Berlin.

---

[1] Cela est si vrai qu'une revue financière de Lyon (numéro du 16 mars 1872) a pu attribuer la reprise de la rente italienne sur notre marché, au départ *définitif* pour Rome de M. Fournier, notre ambassadeur auprès du gouvernement italien.

[2] Le *Journal de Genève* renfermait, au moins de juillet 1871, une correspondance de Florence, dont je détache les lignes suivantes : « Certainement nous avons ici le jeu d'une manœuvre persistante, dont le but est de tenir l'Italie en suspicion contre la France. J'ai entendu des Italiens fort éclairés dire tout haut que les *thalers* faisaient tout le nerf de cette intrigue.

En 1867, l'Exposition et la Ville de Paris furent honorées de la présence de personnages plus augustes, dont le goût pour les *études topographiques*, chez *leurs voisins*, est particulier aux habitants des bords de la Sprée. On sait comment la France a été remerciée de sa généreuse hospitalité. Aujourd'hui le Prince Frédéric-Charles et autres *lions* de l'armée allemande sont en train de *s'extasier* sur les *beautés naturelles* de l'Italie, qu'ils comblent, dit-on, de largesses. Descendants des Romains, tenez-vous en garde contre les descendants des Teutons . . . . *et dona ferentes*. Disciples de Machiavel, méfiez-vous des disciples de Bismarck.

Les nécessités politiques, les modifications survenues dans l'équilibre européen, celles qui s'ourdissent pour s'imposer peut-être plus radicales encore, nous avertissent que l'heure de la résolution a sonné. Cette résolution est commandée par tout ce qui se passe autour de chez nous et chez nous. Nous souffrons d'un provisoire plein de malaise parce qu'il est plein d'incertitude, lorsque nous avons autant d'intérêt que de hâte à être fixés définitivement sur un régime réparateur.

La physionomie de l'Europe, comme celle de nos affaires, dit assez quel est ce régime, régime fort, donnant à la France le salut, la prospérité et la grandeur, par le règne, dans son sein, de l'ordre et de la liberté et par une union plus étroite avec nos voisins des Alpes et des Pyrénées.

Tout semble militer en notre faveur, même dans l'ordre de la nature. Le soleil, qui brille sur nos contrées, est gracieux et fécond ; l'air, que nous respirons, est libre et pur ; le sol, qui nous fournit le pain de la vie, est riche et beau ; le ciel, qui veille à notre industrie, est propice et serein ;

l'harmonie, qui préside à notre commerce, est grande et douce; le Dieu, qui protége notre existence, est juste et bon; la main, dispensatrice du bien-être, est toujours pleine et prompte à s'ouvrir pour nous; des sources de bonheur sont intarissables et nombreuses au service du nôtre; le climat, qui fertilise nos campagnes, est admirable et varié; nos fleuves et nos rivières semblent couler l'abondance et la fortune; nos mers et nos montagnes sont comme des remparts, créés par la nature, dont la merveilleuse disposition semble révéler partout la main du Divin Architecte.

Tant d'avantages, tant de priviléges seraient-ils stérilisés par la plus funeste, la plus coupable des inerties? le défaut de volonté! nous ne le croyons pas, nous ne pouvons le croire. Chez les peuples, comme chez les individus, il n'y a que des fous ou des lâches pour se suicider. Et Dieu merci! nous n'en sommes pas là. Il nous reste assez de sagesse et de courage, à nous Français, pour replacer à notre tête Celui, dont vingt ans de règne glorieux sont une garantie d'avenir pour la Nation, et que les antécédents, la famille et le nom désignent entre tous pour présider à la formation de cette alliance, de cette *Confédération Latine*, dont la nécessité doit s'imposer à nos volontés, parce qu'elle s'impose à nos intérêts.

Cette brochure était sous presse, lorsque j'ai lu, dans le *XIX*e *Siècle*, n° du 22 mars : « M. de Bis-
« marck ne paraît pas avoir renoncé à son projet de

« placer un Hohenzollern sur le trône d'Espagne et « de reconstituer indirectement contre la France le « vieil Empire germanique. »

Le journal soutient l'exactitude de son information. Je la donne pour ce qu'elle vaut. Mais ne fût-ce qu'un indice, il viendrait confirmer l'idée qui a inspiré cet écrit.

J'espère, avec les amis de ce pays et du nôtre, que les élections du 2 avril seront la consolidation de la nouvelle dynastie espagnole, et que les Prussiens d'Espagne en seront pour leurs frais de menées souterraines.

Il est intéressant de mettre sous les yeux du lecteur les paroles prononcées par le général Billot président de la gauche républicaine, dans sa réunion du 17 mars 1872.

« L'Allemagne a quinze cent mille hommes ; l'Au-« triche en a douze cent mille ; la Russie va en avoir « deux millions. Si la France veut *assurer sa défense*, « il faut qu'elle puisse mettre *douze cent mille hommes* « sous les armes. »

Les Républicains demandent donc aujourd'hui pour la France la *même force armée que demandait l'Empire dès 1866*, et qu'ils ont si malheureusement fait écarter.

J'avais crû devoir, avant de faire paraître ce travail, le soumettre à plus expérimenté que moi, en matière de presse. Voici la lettre, que j'ai reçue à cet égard, et que je me plais à rendre publique.

Montreux, mars 1872.

Monsieur,

Les épreuves de votre nouvelle brochure, *la France et la Confédération latine,* me sont parvenues sur les bords de ce beau lac de Genève qu'ont habité tour à tour tant d'exilés. — Dans la solitude, nouvelle pour moi, j'ai accueilli avec une profonde gratitude ces pages qui me parlaient de la mère commune, de la patrie absente, pages attachantes et réfléchies à la fois, où le raisonnement du politique se joint à la juste passion du citoyen.

On a, ces derniers temps, beaucoup écrit sur notre malheureux pays : les personnages les plus éminents sont venus coudoyer dans l'arène les patriotes qui, après avoir ceint l'épée contre l'étranger, ont été poussés à prendre la plume contre l'anarchie. *La France va mourir, la France est morte,* s'écriait-on de toutes parts, et le Vicaire du *Pape à cheval* nous a lancé comme suprême insulte un anathème monstrueux, affirmant, dans sa haine pour ceux qu'il a vaincus et qu'il craint encore,

«........... Que la France a vécu,
Que c'en est déjà fait de la race latine,
Et qu'il faut nettoyer Paris!..... cette sentine ! »

Il y a bien des manières de repousser de pareilles accusations, j'allais dire de semblables infamies : — depuis l'argument de l'homme d'Etat, jusqu'à l'exposition de l'historien, — depuis l'énumération, l'appréciation des causes, jusqu'à celle des faits. La méthode que vous avez suivie est certainement une des plus rationnelles : je me suis plû à l'analyser, selon votre désir, et je vous adresse mon jugement en vous remerciant de ce que vous avez voulu qu'il devançât celui du public.

Il est sans doute fort difficile de s'y reconnaître parmi tous les mécontents qui s'agitent en France : — il est plus difficile encore de préjuger l'avenir réservé à notre malheureux pays. Vous avez exposé, avec grand'raison, ce me semble, les causes de nos désastres, — vous avez indiqué avec une profonde justesse, les moyens de les réparer. — En effet, il est temps que l'on sache, — et que l'on sache par des faits à l'appui, *qui* nous a conduits où nous en sommes.

« L'Empire, (s'est-on écrié de toutes parts), a démoralisé l'armée ; l'Empire a fait la guerre malgré la nation, alors que l'on n'avait ni hommes, — ni canons, — ni chevaux dans les camps ; ni munitions — ni approvisionnements dans les magasins ; ni argent dans les caisses, ni subsides à espérer pour soutenir une guerre aussi déplorablement entreprise ! que n'écoutait-on M. Thiers ! que n'écoutait-on la gauche ! que n'écoutait-on les mécontents (qui devaient être des factieux le lendemain !) » Vous avez prouvé par des rapprochements pleins de logique, que subsides, argent, munitions, chevaux, canons, hommes, tout enfin, avait été impitoyablement refusé à l'Empire par ces hommes qui devaient reprocher au gouvernement la pénurie dont ils avaient été la cause unique.

M. de Gramont a établi la source de la rupture au point de vue diplomatique, — vous avez raconté, preuves en mains, la joie que l'on avait témoignée dans toutes les classes de la société, dans la presse, à la Chambre, lors de la déclaration de guerre..... Enfin disait M. de Bismarck en Prusse. — Enfin! criait toute la France.

Après avoir montré la chute et avoir flétri les vrais, les seuls coupables, vous en êtes arrivé à la situation présente : un gouvernement installé *motu proprio*; des prétendants sans nombre, qui viennent diviser entre eux les Français pour en faire des partisans; le droit, méconnu; la loi, oubliée ; le désordre, partout. Vous avez étudié avec concision et prudence l'opportunité de chaque prétendant; vous avez cherché, parmi les formes de gouvernement qui s'offrent à nous, celle qui promet ordre et prospérité au dedans, force et alliance au dehors. Vous avez fait appel aux gens honnêtes, à ceux surtout qui ont conservé la foi du serment. La voix du peuple avait donné vingt ans de grandeur à la France, vous avez pensé que la voix du peuple saurait encore distinguer l'élu de la Providence, et vous avez eu raison.

Cependant, il me faut vous avouer une chose: votre œuvre m'a paru saine, opportune, nécessaire, (ce n'est du reste pas la première fois que je vous vois défendre le pays); — mais, une chose me préoccupe..... nous sommes beaucoup de gens tranquilles, en France; beaucoup de gens prêts à faire abstraction de nos sympathies personnelles dans l'intérêt de tous: comment se fait-il que votre œuvre soit solitaire? que seul, parmi tant de partis, le parti de l'ordre n'ait que peu ou point de manières d'affirmer sa volonté? Votre livre, Monsieur, n'est malheureusement qu'une protestation isolée: d'autres

vous ont précédé, d'autres vous suivront sans doute, mais sans accord, partant sans force...

Apparent rari nantes in gurgite vasto!

Si votre amour pour le bien vous inspirait une nouvelle brochure, et si vous me demandiez avis je vous dirais :

Ecrivez, — que l'union seule peut nous sauver; qu'il ne suffit pas d'espérer des jours meilleurs, qu'il faut aussi se les faire; que des sociétés habiles au mal vous ont donné la mesure de ce que pourraient faire des sociétés voulant ce qui est honnête. — Je vous dirais: vous avez eu raison d'affirmer que la France doit s'appuyer sur les nations latines, ses sœurs ; — mais que peut, qu'obtiendra votre voix solitaire? Je vous dirais: demandez à vos lecteurs de devenir des adhérents; renouvelez à des termes rapprochés et périodiques, groupez en un seul ensemble les efforts séparés ; choisissez un centre d'action qui ne soit pas à la merci de ces distributeurs de liberté qui bâillonnent la presse, fouillent d'une main avide l'héritage des morts, cherchent sans pudeur dans les papiers des absents des armes contre les exilés, et font un crime d'Etat de la reconnaissance et du souvenir.... Alors, vous pourrez vous écrier, avec plus de raison que le poëte :

« *Exegi monumentum ære perennius!* »

« J'ai apporté une pierre à la reconstruction de l'édifice! »

Agréez, Monsieur, avec mes souhaits et mes remerciements sincères, l'assurance de ma profonde estime,

Cte G.-M. de C.

www.ingramcontent.com/pod-product-compliance
Lightning Source LLC
LaVergne TN
LVHW010108230826
846091LV00005B/2144

* 9 7 8 2 0 1 1 7 8 2 5 0 2 *